# RÉMI la RONDELLE

PAULINA GALIARDI

kid at heart inc.

SÉNATEURS MC D'OTTAWA

Kid at Heart Inc.
216 28th Avenue NE
Calgary, AB Canada T2E 5N1
www.kidatheart.ca

Informations de commande :
Ventes en masse : des rabais sont offerts pour les achats en masse par les entreprises, les associations et autres.
Pour des détails, contactez l'éditeur à l'adresse ci-dessus.

Commandes par des librairies et des grossistes canadiens :
Veuillez contacter LitDistCo : Téléphone : 1-800-591-6250
Fax : 1-800-591-6251 Courriel : orders@litdistco.ca
Adresse : 8300 Lawson Rd. Milton, ON, L9T 0A4

Imprimé au Canada

Ce livre est dédié au sport du hockey,
à la passion de ses fans et aux rondelles
qui rendent tout possible.

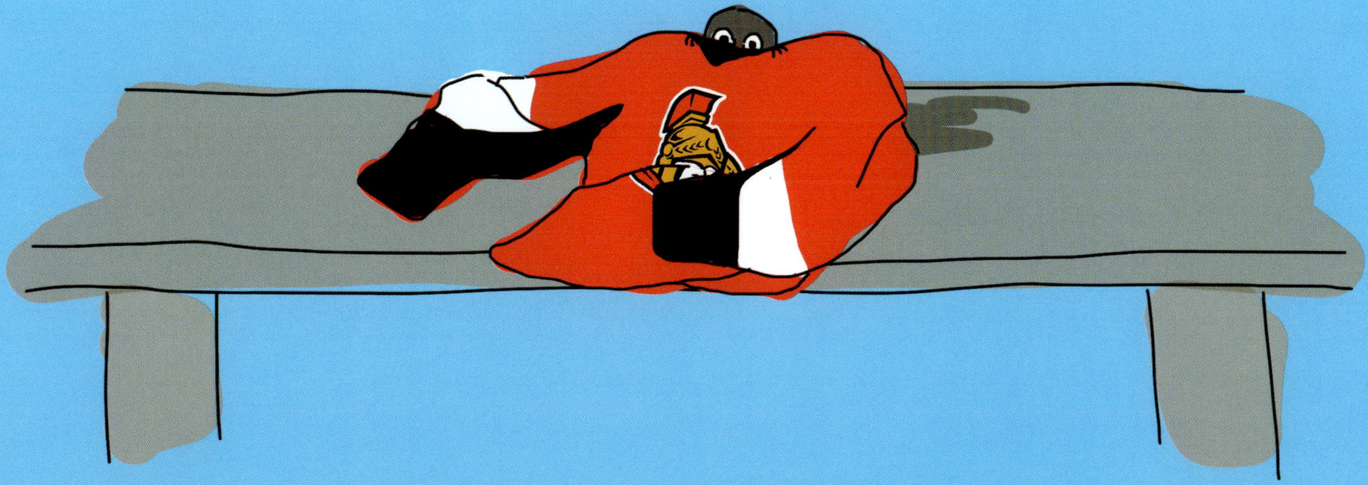

Il était une fois une rondelle
qui se nommait Rémi

C'était une rondelle usuelle,
rien du tout d'exceptionnel.

Mais une chose qu´il possédait
le distinguait:
Une carrière qu´il aimait
et de tout son cœur adorait

Il était une rondelle des Sénateurs
qui jouait dans la LNH
Sur le bâton des grands joueurs
qui le manipulaient bien.

L’endroit favori de Rémi,
dans le monde entier

Était le Centre Canadian Tire
devant les filles et les garçons enjoués.

Rémi connaissait le filet
dans ses moindres recoins
Il était parcouru d'un frisson
chaque fois qu'il déjouait le gardien

Avec un tir du poignet, un lancer frappé,
peu lui importait
Atterrir dans le filet
était tout ce qui l'excitait

Alors la lumière rouge s'allumerait
la foule entière l'acclamerait
Et Rémi serait là
souriant avec éclat.

Puis une chose se produisit,
le cauchemar de toute rondelle
Le Tricolore n'arrivait pas à marquer,
la tension était bien réelle

Une chance se présentait,
puis en un instant s'envolait
Les joueurs tiraient au filet,
mais frappaient le gardien de plein fouet

Rémi se demandait
si les gardiens devenaient meilleurs
Ou si certains joueurs
manquaient simplement de cœur

À chaque minute qui passait,
l'estomac de Rémi se nouait
Il voulait être dans le filet;
mais qu'est-ce qui manquait?

Les secondes s'écoulaient,
la foule s'impatientait
Rémi regardait tout autour de lui
et les joueurs lentement s'essoufflaient.

Puis comme il semblait
que tout espoir était perdu

Le bâton du capitaine saisi Rémi
et les supporteurs firent tout un chahut

Il patina sur la glace,
vers le filet de l'autre équipe
Une dernière chance de victoire,
à laquelle il fallait croire

Il se lança de tout côté,
le gardien semblait troublé
Rémi était dans la zone,
il savait quel était son rôle

Un tir rapide
et Rémi était dans les airs
Encore un peu plus loin,
passé le gardien et cela devrait faire

Le temps sembla s'arrêter,
la foule devint silencieuse
Alors qu'en pleine envolée
Rémi fonçait ver le filet.

Il atterrit sur la glace...

Avait-il réussi, oui ou non ?

Quand soudainement apparut
la lueur rouge bien connue

La foule était au comble de la joie,
les joueurs se prenaient dans leurs bras
Et Rémi chérissait ce sentiment
qui n'avait pas d'équivalent

L'équipe locale avait gagné la partie
1-0 et c'était fini...

...Juste une autre journée pour les Sénateurs et Rémi.

FIN

Paulina Galiardi a toujours été inspirée par la sagesse, l'imagination et l'authenticité inhérentes que les enfants possèdent naturellement, et c'est pourquoi elle s'est sentie appelée à écrire des livres pour eux. Paulina a grandi à Toronto, entourée de ses frères, joueurs de hockey, qui lui ont partagé la culture et la passion du jeu en très bas âge - enthousiasme qui s'est poursuivi à la rencontre de son mari, ancien attaquant de la LNH TJ Galiardi.

En 2015, Paulina a reçu son diplôme de la prestigieuse École Glenn Gould du Conservatoire Royal de Musique, où elle a suivi une formation de pianiste de concert classique. Après des années de concerts et de concours dans le monde de la musique, Paulina a décidé que son cœur n'y était pas entièrement, et qu'elle désirait poursuivre une activité offrant plus de liberté créatrice et d'autonomie. Dans ses temps libres, elle a commencé à écrire de la poésie pour enfants et des bandes dessinées originales, puis elle est éventuellement tombée sur la carrière qui allait enflammer son cœur – écrire et illustrer des livres pour enfants.

Paulina vit au Canada avec son mari et leur fille Sage, ainsi que leurs deux chiens .